Couvertúres supérieure et Inférieure
manquantes

MONOGRAPHIE

DE LA FAÇADE

DE LA

CATHÉDRALE DE NIMES

Archéologie monumentale et iconographie,

PAR ADRIEN PELADAN FILS.

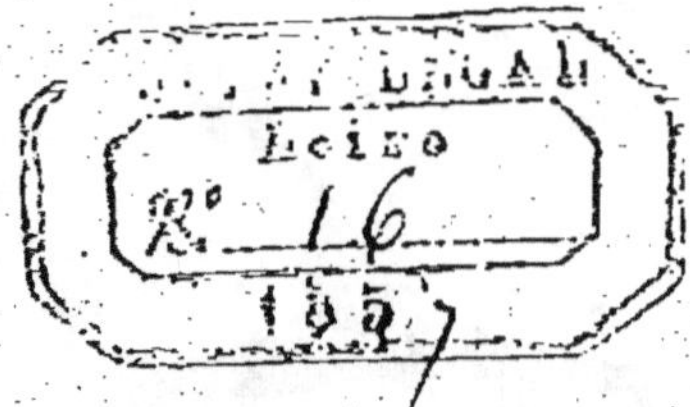

A M. LE VICOMTE FERNAND DE SAINT-ANDÉOL.

Monsieur et maître,

On a raison de dire que les impressions de
l'enfance sont ineffaçables. Je n'ai jamais ou-
blié que ma ville natale avait une cathédrale
dont l'aspect est étrange. Je me suis toujours rap-
pelé qu'en l'apercevant à l'improviste, on était
impressionné par cette façade noircie, que les
traces des fureurs huguenotes rendent encore
plus respectable. La tour, qui domine fièrement

la ville, m'avait laissé un souvenir particulier par sa masse grande et solide, qui rappelle la rude simplicité des guerriers du moyen-âge. Mon imagination excitait aussi ma curiosité au sujet des nombreuses scènes sculptées sur la frise du monument. Aussi, Monsieur, dès que l'étude de vos écrits m'eût permis d'apprécier les divers styles qui ont régné dans le Midi de la France, avant l'architecture franco-ogivale, je songeai à donner à Nîmes une histoire archéologique de sa cathédrale. Etant allé dans le Midi en 1863, dès la première journée que je passai à Nîmes, j'allai visiter la cathédrale, en conservant le ferme espoir qu'elle m'offrirait le sujet d'une intéressante dissertation. Dès que je revis le monument, mes prévisions furent confirmées. « Oui, me dis-je, voici une énigme archéologique qu'il faut expliquer ; cette façade brunie et altérée par le temps et surtout par les protestants est à restituer. En cet endroit, il faut deviner, comme sur un palimpseste, ce qu'il y a eu tout d'abord ; dans cet autre, comme dans une inscription brisée, il faut tirer de ce qui reste l'explication de ce qui n'est plus ; ici, il faut distinguer ce qui a été ajouté et surajouté ; là, il faut discerner une portion restée intacte. »

La succession de mes pensées étant très-rapide, je sentis au même instant que vous seul pouviez résoudre ces divers problèmes. Etant sûr d'avance que votre obligeance me fournirait tous les éclaircissements nécessaires, je me mis à l'instant à prendre des notes, que je revins compléter à plusieurs reprises pendant le reste de mon séjour dans le Midi. J'annonçai dès-lors à plusieurs personnes mon intention de donner à Nimes une page inédite de son histoire, et j'en parlai plus spécialement à M. Jules Canonge, qu'on trouve toujours prêt à encourager l'étude des antiquités de sa ville natale, lui qui, laissant aux autres le champ des travaux archéologiques, où il pourrait briller s'il le voulait, se réserve de faire aimer sa cité chérie en la peignant dans de délicieuses nouvelles.

Depuis mai 1863, je n'ai pu trouver le temps de rédiger pour le public les nombreuses notes que je recueillais sans cesse. Je devrais en être confus, car je n'aurais pas dû me réserver si long-temps, la connaissance des précieuses notions archéologiques que vous m'avez adressées dans deux lettres. Mais je sais que vous m'excuserez, connaissant combien de sciences et de travaux divers occupent mes instants (1).

Depuis le commencement de ce travail, j'ai revu Nimes, en septembre 1865. J'ai soumis le monument à une révision attentive, fait de nouvelles recherches et provoqué des jugements sur mon projet; j'ai pu constater alors combien les amis de l'archéologie locale trouvaient d'importance à cette étude si nouvelle. M. Jules Canonge par-

(1) En 1864, dans mon *Guide à Lyon*, j'ai signalé le mur romain encore subsistant à la façade de la cathédrale de Nimes et la trésorerie du Xe siècle, avec la frise animée qui la surmonte (Voir p. 222 et 266).

ticulièrement, qui avait lu le commencement de ma monographie, me dit à cette époque qu'il en attendait la suite avec impatience, car ce travail lui paraissait d'un intérêt majeur.

Voici cette œuvre si patiemment élaborée. Le fond en est de vous, qui m'avez fixé les styles et les âges de chaque partie de la cathédrale, en m'expliquant toutes les modifications générales subies en divers temps par cet édifice. Je n'ai ici d'autre mérite que d'avoir rassemblé des faits historiques et des dates, d'avoir donné des description tion assez complètes et enfin d'avoir coordonné et rédigé le tout.

Vous avez causé cet écrit : qu'il retourne à vous.

Lyon, avril 1866.

Fragments extraits de deux lettres de M. Fernand de Saint-Andéol à M. Adrien Peladan fils.

Moirans-de-l'Isère, 22 juin 1863.

Cher Monsieur, votre activité ne se lasse jamais, et le temps consacré au rétablissement de votre santé vous est une occasion pour recueillir une foule de documents et d'études. Je regrette sincèrement qu'une erreur médicale ne vous ait pas permis de rapporter aussi la santé nécessaire à votre rude labeur.

. . . .

La façade de la cathédrale de Nîmes est en effet fort intéressante à étudier. Si elle n'a pas encore été comprise, même par les Nîmois,

c'est parce que les archéologues du Nord mysti-
fient ceux du Midi.

.... Voilà tout ce que je sais sur cette façade. Si
vous pensiez que les notes et les observations que
vous avez relevées sur place, pussent m'éclairer
sur quelques points, je les recevrais volontiers,
pour en déduire et vous communiquer tout ce
qu'elles auraient pu me suggérer de nouveau.
Vous utiliseriez ensuite tout cela s'il y avait lieu,
dans l'article que vous préparez, et auquel je dois
applaudir, puisque vous êtes le premier qui me
suiviez dans cette voie avec la plume....

Moirans, 3 juillet 1863.

Cher Monsieur,

Oui, comme vous l'espérez, vous ferez quelque
chose de la cathédrale de Nimes. Les Nimois
verront que si les archéologues romans ne com-
prennent rien à ce monument, il suffit de ne pas
l'être ou de ne plus l'être, pour y voir plus
clair. Puisse votre travail en ramener dans la
bonne voie. Nous travaillons pour le Midi !

. . . .

Bon courage : votre travail sera pour moi d'un
vif intérêt.

I.

UN TEMPLE ROMAIN CONVERTI EN ÉGLISE AU QUATRIÈME SIÈCLE.

Le caractère méridional se passionna rapidement pour la religion du Christ. Le zèle et les miracles des propagateurs de l'Evangile étaient faits pour l'entraîner. En même temps que se préparait le triomphe définitif de la croix, l'idolâtrie allait en s'affaiblissant. Le pays nîmois fut particulièrement le théâtre d'une prompte conversion générale. Pendant le dernier tiers du IVe siècle, le paganisme s'y éteignit presque entièrement, et la foi chrétienne, devenue dominante, fut partout librement professée. Le concile qui s'assembla à Nîmes, en 393, le prouve évidemment.

La tradition de Nîmes, d'accord avec celle de tout le Midi, place la première cathédrale dans un temple païen. Ce n'est qu'une preuve de plus que les chrétiens, toujours et partout, dédièrent au vrai Dieu les sanctuaires des fausses divinités. Les preuves abondent d'ailleurs pour démontrer que la cathédrale de Nîmes a pris la place d'un temple.

Comme dans les autres cités de notre pays, c'est à la fin du IVe siècle que dût avoir lieu, à Nîmes, la dédicace des sanctuaires païens au vrai Dieu. Le célèbre historien de Nîmes, Ménard, n'hésite pas à croire que la fondation de la cathédrale de Nîmes date du IVe siècle, les chrétiens ayant alors changé un temple en église. La base de la façade actuelle jusqu'à la frise qui se trouve à la hauteur du fronton de la porte, est un mur conservé du temple romain. Il est bâti en grand appareil, comme plusieurs autres monuments romains de Nîmes: l'amphithéâtre, le temple de la fontaine et la porte Auguste. Le pont du Gard offre également cet appareil.

Le temple avait un fronton triangulaire. Les traces des deux rampants de ce fronton se voient encore sur la façade actuelle, et il est à remarquer que ces traces accusent la forme du tympan, non-seulement moins sa corniche, mais encore moins ses modillons. Le X° siècle ayant porté plus haut ce fronton romain, dont il reste encore un fragment, il effaça en effet les débris des modillons et rogna la saillie de la corniche, afin d'éviter toute saillie favorable à une escalade.

M. l'abbé J.-J. Bourassé a parlé vaguement de débris de temple romain encore subsistants au bas de la cathédrale. Sachant qu'un temple romain avait précédé l'église, il observe qu'« on en retrouve encore des vestiges évidents au bas de la cathédrale actuelle (1). »

M. de Saint-Andéol, qui n'aime pas les indications vagues en fait d'archéologie, a le mérite d'avoir reconnu le premier que la base de la cathédrale est bien romaine. Voici ce qu'il nous écrivait à ce sujet, en juillet 1863 : « Si votre travail sur la façade de la cathédrale de Nimes concorde avec ma restitution du temple romain, il aura l'avantage de faire connaître, même aux Nimois, un antique monument à ajouter à la riche nomenclature de ceux que possède déjà cette ville célèbre. Des fouilles pratiquées dans l'église

(1) Bourassé. *Les Cathédrales de France*. Tours. 1843. in-8 p. 419.

et au niveau primitif du temple feraient probable-
ment découvrir des mosaïques. »

Si cette église n'est pas orientée, cas fort rare
pour les anciennes cathédrales, c'est parce que le
temple ne l'était pas.

Les Nimois ont toujours persisté à croire qu'un
temple païen avait précédé leur cathédrale, et l'archéologie le prouve. Une tradition populaire veut
que la façade de cet édifice soit une œuvre romaine.
Puisqu'on sait qu'un mur romain y existe encore,
cette tradition s'explique aisément.

Ce mur n'est pas resté intact depuis l'époque
romaine; mais du moins il est romain par sa situation, ses fondements, son appareil et ses pierres.

II. CINQUIÈME SIÈCLE.

Après la dévastation commise par les Vandales,
au commencement du Ve siècle, on releva la cathédrale de Nîmes sur les ruines du temple. Des
débris qui attestent cette construction sont con-
servés au Musée de Nîmes.

III. DIXIÈME SIÈCLE.

L'élan admirable que le style goth soutint pen-
dant le VIIIe et le IXe siècles , se ralentit beaucoup au Xe. Les monuments de cette époque té-
moignent de l'affaiblissement des arts. L'histoire
nous apprend d'ailleurs que le Xe siècle s'occupa
de fortifier les monastères et de réparer les églises,
bien plus que de faire des constructions nouvelles
et d'embellir les anciennes. Il importait alors de
prémunir les édifices religieux contre des ennemis

de toutes sortes. C'est ce qui détermina l'érection des *tours-trésoreries*.

Dès la fin du VIIIe siècle, quelques cathédrales gothes se trouvant menacées de nouvelles invasions sarrasines, songèrent à placer les dons royaux et les valeurs de diverses natures, telles que vases sacrés, archives, pierreries, monnaies, dans une tour forte et joignant l'église. Cette tour réunissait toutes les conditions nécessaires pour pouvoir résister aux attaques imprévues. Ses murs étaient épais et offraient peu de saillies ; sa voûte était à l'abri du feu et elle renfermait une niche pour un autel, ce qu'on appelait la chapelle épiscopale de Saint-Michel. La richesse dont la munificence de Charlemagne avait doté les églises expliquait ce luxe de précautions. Au IXe siècle, plusieurs églises d'une certaine importance placèrent aussi leur trésor dans un abri semblable. Enfin, au Xe siècle, cet exemple fut imité par les parties les plus éloignées du centre de la civilisation gothe, telles que le diocèse de Lyon et une partie de celui de Vienne. En effet, tous les deux étaient menacés par des seigneurs ambitieux, et si le premier fut saccagé par les Hongrois, le second fut inquiété par les Sarrasins des Alpes.

D'après la chronique de Nimes, citée par Dom Vaissette, le territoire nimois fut ravagé par les Hongrois, l'an 925. Les rapines et les dévastations de ces barbares furent cause qu'on érigea, au-devant de la cathédrale de Nimes, un porche-baptistère, surmonté d'une tour-trésorerie. Pour faire cela, on construisit un mur à l'extrémité de l'église. En même temps, on voûta le porche-baptistère.

L'intérieur de ce porche est massif. Sa voûte d'arête est supportée par de gros piliers placés aux angles et flanqués d'une grosse colonne trapue, couronnée d'une épaisse doucine pour chapiteau.

M. Artaud, d'Avignon, plaçant ce porche à la fin du IXe siècle ou au commencement du Xe, ajoute que les lettres qu'on voit sur la pierre rappellent cette époque.

M. de Saint-Andéol appelle *porche-baptistère* le porche qui fut élevé après l'invasion des Hongrois, parce qu'il appartenait à une cathédrale, et que l'ouverture ou l'entrée du porche était moyenne, et pouvait être fermée par des ventaux. Cet archéologue, qui parle d'après l'étude complète des baptistères de la Province Romaine, pense que le baptistère devait être auparavant auprès de la célèbre *fontaine de Nîmes*, qui aurait ainsi fourni l'eau baptismale. Dans ce cas, il avait été desservi, de même que le baptistère de Rome, par l'église de Saint-Sauveur. On sait que cette église n'était autre que le temple voisin de la Fontaine, qu'une antique tradition considère comme celui de Vesta, mais qu'on appelle aujourd'hui *le temple de Diane*. Il était tout-à-fait dans l'esprit de l'Église d'employer à un usage sacré les sources ou fontaines dont le paganisme avait fait l'objet d'un culte idolâtrique.

Le porche-baptistère fut surmonté d'une tour-trésorerie. Une voûte, dont le toit était dallé, recouvrait cette tour ; sa construction accuse le but de la mettre à l'abri du feu et des attaques des ennemis.

La décoration dont le Xe siècle dota la façade de la trésorerie de Nîmes, offre une série d'arcatures portant sur de longues baguettes hémicylindriques couronnées par de petits chapiteaux aux formes variées, mais dont la pauvreté accuse bien le Xe siècle. Le spectateur voit encore, à sa gauche, trois de ces arcatures du Xe siècle munies de leurs baguettes, et la moitié d'une quatrième arcature, après laquelle finit ce qui reste de l'œuvre du Xe siècle. Ces arcatures ne sont point égales, non plus que dans plusieurs églises gothes : mais loin de paraître choquante, cette inégalité plaît par le *mouvement* et la variété qu'elle donne à la décoration. Quant aux baguettes, véritables pilastres en diminutif, elles produisent un bon effet, en coupant l'étendue des surfaces lisses.

Les arcatures que l'on voit à la cathédrale de Nîmes portent sur de longues baguettes cylindriques. On en voit d'analogues porter sur des baguettes plates, à la tour de Viviers, du VIIIe siècle ; et sur des baguettes cylindriques, contre les flancs extérieurs de l'église de Cruas, dont la nef est authentiquement du Xe siècle, même selon M. de Caumont. On retrouve ces mêmes arcatures sur le clocher-baptistère de Perpignan, précisément contre la chapelle-trésorerie du premier étage ; car, bien que datant de 1025 et placée sur le côté, cette tour possède la chapelle du premier

étage en coupole, comme la trésorerie des ca-
thédrales et abbayes des VIIIe, IXe et Xe siècles. Ceci
s'explique parce qu'on a transigé, et que le Rous-
sillon est en retard de plusieurs années sur les
bords du Rhône.

La partie droite de la façade de la cathédrale de Nîmes ayant été dévastée, a été refaite ;
mais cependant on y voit encore, après la fenêtre
centrale, qui n'a été faite qu'au XVe siècle, des
tronçons de trois baguettes.

Sur la trésorerie du Xe siècle étaient placées
de front trois fenêtres, dont deux latérales, et
une dans la partie médiane. Cette dernière occupait la place de deux baguettes, puisque le nombre des arcatures était pair, comme le prouvent
des traces encore visibles. La fenêtre de gauche
existe encore, mais privée de ses colonnettes. Les
deux premières arcatures, sous lesquelles elle est
placée, retombent et viennent former un ornement, aujourd'hui mutilé, sur la partie supérieure de l'archivolte de la fenêtre.

Il est plusieurs pièces de l'architecture gréco-ro-
maine qui furent reprises par les Goths, au VIIIe siècle, et rejetées par les Francs au XIe. Telles sont la
frise ornée ou lisse et la base à moulures.

Les artistes goths couronnaient souvent les
tours trésoreries d'une frise animée. L'archéologie
en a constaté trois exemples, qui appartiennent
tous au dixième siècle. La tour-trésorerie sans porche (1) élévée au Xe siècle, même de l'aveu de M. de

______

(1) Son rez-de-chaussée n'est ouvert qu'à l'intérieur.

Caumont, contre le pignon occidental de l'église de Saint-Restitut, près de Saint-Paul-Trois-Châteaux, est décorée sur ses quatre faces d'une frise animée (1). Elle est d'une exécution grossière, mais cette grossièreté même dénote qu'elle est du Xe siècle. La tour-trésorerie de l'église de Saint-Martin d'Ainay, à Lyon, qui est du Xe siècle, mais que le XIIe a surmontée d'un beffroi et d'un toit pyramidal de pierre, porte une frise animée (2) au haut de son deuxième étage, mais seulement sur la façade. La tour-trésorerie de la cathédrale de Nîmes, qui est aussi un ouvrage du Xe siècle, est couronnée d'une frise animée. Peut-être s'étendait-elle sur les quatre faces de la trésorerie ou seulement sur la façade et les côtés, ce qui est plus probable. Dans ce cas, si l'on pouvait arracher une pierre du clocher à l'endroit où il touche à la frise, on la retrouverait à l'état fruste sur ce flanc. Il ne reste plus qu'une faible partie de la frise primitive. Elle se voit au côté gauche de la façade.

(1) Voir, sur cette frise, le *Congrès archéologique de France, séances tenues à Valence*, en 1858, p. 335.

(2) Cette frise n'offre guère que des animaux. Elle est d'une analogie frappante avec des sculptures de la seconde moitié du Xe siècle qui ont fait partie de frises animées, et qui proviennent, les unes de l'église abbatiale de Saint-Martin et de Saint-Loup, de l'Ile-Barbe; les autres de l'église de Sainte-Foy-lez-Lyon. Voir, sur ces diverses sculptures, mon *Guide à Lyon*, p. 256, 119 à 122, 252, 391 et 513 à 516. La réunion de ce que fournit cet ouvrage et le présent travail forme ce qui a paru de plus complet jusqu'à ce jour sur les frises animées des tours-trésoreries.

Voilà donc trois frises animées de tours-trésoreries, observées par M. de Saint-Andéol sur
des monuments encore subsistants. De plus celle
de Saint-Restitut a été constatée par M. de Caumont; celle d'Ainay, par M. Teste; celle de Nimes,
par M. Artaud, d'Avignon.

Au X° siècle, surtout pendant les deux derniers
tiers, la sculpture n'eut point le même caractère
que dans les deux siècles précédents. Elle fut
d'une exécution beaucoup moins belle, d'un caractère naïf, rude et parfois fort grossier. La
frise de Nimes paraît être un des meilleurs ouvrages en ce genre du X° siècle. C'est à coup
sûr la mieux exécutée des trois frises de la même
époque indiquée plus haut. Ce qui en reste re-
présente sept scènes de la Genèse, depuis la ten-
tation d'Eve jusqu'au meurtre d'Abel. Ces sculptures en demi-relief ont de l'originalité et beaucoup
de vigueur. De même que dans les bas-reliefs
antiques, on n'y voit point de paysages, et les
personnages, à la silhouette hardiment découpée,
sont convenablement espacés. Parmi les costumes,
on remarque la chlamyde grecque. Les hommes
et les anges portent la tunique serrée autour des
reins; celle des premiers descend jusqu'à mi-
jambe, celle des seconds jusqu'aux pieds.

Voici ce que présente, de gauche à droite, la
portion encore subsistante des sculptures du X°
siècle.

1° Adam et Eve sous l'arbre de la science du
bien et du mal. Le serpent parle à Eve. — 2°
Adam et Eve mangent du fruit défendu. — 3° Le

Seigneur, ayant un bâton à la main, à la façon
d'un vieillard, reproche leur faute à Adam et à
Eve, qui se tiennent cachés dans des touffes de
figuier. — 4° Un chérubin, tenant un glaive à
la main, est censé garder le paradis terrestre.
C'est le seul ange de la frise qui soit ailé. Cette
distinction tient peut-être à sa qualité de chérubin. (Voir Genèse, III, 24). — 5° Un ange chasse
Adam et Eve de l'Eden. — 6° Adam et ses fils
offrent des sacrifices. Caïn présente au Seigneur
des moutons, Abel des fruits des champs. — 7° Caïn
tue Abel. Ce sujet est représenté d'une manière
très-curieuse. Caïn a mis la main droite sur la
tête d'Abel, afin de le tenir violemment courbé,
et de la main gauche il le frappe sur le dos.

Anne Rulman et d'autres auteurs croyaient que
cette frise était romaine. Ménard a soutenu le
premier qu'elle offre des sujets tirés de l'Ecriture
sainte (*Histoire de Nîmes*, t. VII, p. 3). M. l'abbé
Bourassé la signale comme *curieuse et chargée de
sculptures dignes des antiquaires chrétiens*
(*Les Cathédrales de France*, p. 677 et 420). Je suis
le premier qui en ai tenté l'explication complète.

La frise était surmontée d'une niche, où s'al-
ternaient une large feuille d'acanthe étalée et
une tête de lion ou d'autre animal. Une portion
en subsiste encore, au-dessus même de la partie
conservée de la frise du X° siècle. Les têtes d'animaux sont variées. La sculpture a de la vivacité.
La partie moderne de la frise a une exécution
beaucoup moins libre et partant moins artisti-
que.

Lorsqu'on éleva la tour-trésorerie, le fronton triangulaire du temple fut enlevé tout d'abord afin d'être placé au sommet de la tour. Les pierres des extrémités du fronton étant plus amincies, plus fragiles, et peut-être écornées par les Vandales, les Sarrasins et les Hongrois, ne purent être utilisées. En conséquence, on se borna à placer sur le haut de la façade ce qui restait du fronton, c'est-à-dire la partie centrale. Une portion de ce fronton romain existe encore à gauche de la façade. Les feuilles des rosaces y sont plus fouillées que dans la partie moderne qui l'accompagne.

On voit que ce fronton se raccorde mal avec le reste et que ses extrémités portent n'importe où. Si on l'avait fait exprès pour cette façade, on l'aurait fait aboutir aux deux extrémités. S'il accuse un si grand manque de raccord, c'est parce qu'on a voulu conserver le plus possible du fronton ancien. C'est maintenant aux archéologues nimois que revient le soin de déterminer en quelle pierre est faite sa partie antique et si on la retrouve dans les monuments romains de Nîmes.

La corniche du temple, qui avait aussi subi bien des écornures de la part des Vandales, des Sarrasins et des Hongrois, fut encore endommagée par les ouvriers qui élevèrent la tour-trésorerie. Aussi, quand elle fut achevée, on effaça les débris des modillons, qui étaient semblables à ceux du fronton, et l'on rogna la saillie déjà bien entamée de la corniche, non-seulement pour ôter la vue de ses détériorations, mais encore pour éviter une saillie horizontale, qui aurait pu favoriser une escalade, et que le système défensif interdisait en conséquence. Voilà pourquoi on ne voit plus aucunes traces de la corniche ni des modillons, sur la façade actuelle, tandis que l'on y voit encore les marques des deux rampants du fronton.

A gauche de la façade est une fenêtre, mais elle n'a plus ses colonnettes. A défaut de ses chapiteaux, qui auraient indiqué sa date à première vue, on n'a, pour s'assurer qu'elle est du X⁰ siècle, qu'à considérer qu'elle fait corps avec la partie de la façade qui est certainement de cet âge, et que le tore placé au-dessus du cintre n'est certainement pas une adjonction postérieure.

S'il est démontré que la fenêtre de gauche est du X⁰ siècle, l'harmonie architectonique exige absolument qu'il y en eût une correspondante à droite et une autre au milieu. Cette dernière coupait deux baguettes, puisque le nombre des arcatures était pair, comme le prouvent des traces encore visibles. Si la fenêtre du milieu n'était pas plus élevée que les latérales, c'était parce qu'une corniche horizontale existant sous un fronton surélevé les maintenait toutes au même niveau. On voit encore au milieu de la façade une base en retraite et au même niveau que celle des deux fenêtres latérales, base que la grande fausse fenêtre actuelle n'aurait pas eu à se donner aussi bas, si on n'avait pas suivi en ce sens les dispositions primitives.

IV. ONZIÈME SIÈCLE.

La cathédrale de Nîmes fut reconstruite, sauf la façade, à la fin du XIe siècle. Cette entreprise fut commencée par l'évêque Pierre Ermengaud, vers 1030, et terminée par Bertrand, qui vit consacrer son église, dont le bâtiment était achevé depuis peu, par Urbain II, pendant le séjour que ce pape fit à Nîmes, lors du concile tenu dans cette ville en 1096. La nouvelle église ne changea pas de dédicace; elle resta *sous l'invocation de la Bienheureuse Vierge Marie*. Les archevêques et évêques du concile assistèrent à cette cérémonie, qui eut lieu le 6 juillet 1096. Ce fut en présence de cette auguste assemblée que le comte Raymond de Saint-Gilles, après avoir épousé cette église, la dota et la pourvut d'un chapitre régulier (1). L'inscription de Pons, fils d'Alphonse Jourdain (2).

(1) Voir *Histoire de Languedoc*, liv. 15, n. 58 ; Ménard, *Histoire des évèques de Nismes*, 1737, t. 1, p. 146 à 148; *Cartulaire de la Cathédrale*, fol. 58 ; *Gallia Christiana*, etc.

(2) Spon a écrit une longue dissertation sur cette inscription, dont Poldo d'Albenas parle en ces termes : « L'Epitaphe de l'an MCCIII. qui est au cloistre de l'Eglise cathedrale, lieu appelé le Cymbo par les ignorants, mais il s'appelle le Tymbo , qui vient de Τύμβος, à la gauche allant de l'Eglise au cloistre, pres une chapelle, ou il dit que l'an de nostre Seigneur Jesus M. CCIII. XV. d'Avril y fut enseveli *Ildefonsus Dux Narbonae , de stirpe Ræmundi Comitis Tolosæ Marchionis provinciæ*, FUNDATORIS SANCTÆ SEDIS NEMAUSENSIS (p. 58). » Jean Poldo d'Albenas. Discours historial de l'antique et illustre cité de Nismes, en la Gaule narbonoise, etc. A Lyon, 1650.

qu'on voyait autrefois derrière le chœur de la cathédrale, donnait à Raymond le titre de fondateur (1). Il avait dû aussi contribuer par ses soins et ses munificences à la faire rebâtir.

Voyons les modifications opérées dans la grande reconstruction faite à la fin du XIe siècle.

On démolit le mur intérieur de la trésorerie, celui qui la fermait du côté de la nef. De la sorte la nef fut agrandie. On agit de même à Avignon, à Villeneuve-de-Berg, à Beaulieu, etc.

Par l'ablation du mur intérieur, le premier étage de la trésorerie forma une tribune sur la nef. Ce fut le premier étage du clocher, élevé à l'époque de ces restaurations, qui fut chargé de remplacer celui de la trésorerie.

Ensuite, afin de donner plus de lumière à la nef, on ouvrit trois fenêtres au milieu de la façade, sous la frise. Elles furent faites moins longues que les fenêtres du Xe siècle. Elles étaient de grandeur égale, faites sur un même plan et séparées l'une de l'autre par une seule colonne (2).

Il est clair que les trois fenêtres obligèrent à supprimer celle que le Xe siècle avait mise au milieu de la façade.

On voit encore au côté gauche de la façade,

(1) Voici une preuve que le titre de fondateur dans les documents anciens, ne doit pas toujours être pris à la lettre.

(2) Un vieux dessin de la cathédrale de Nîmes présentait ces trois fenêtres et la porte centrale divisée en deux ouvertures pas une colonne médiane. Ce dessin s'est perdu ; il appartenait à M. de Bérard, conservateur adjoint de la bibliothèque de Nîmes.

sous la quatrième arcature, une colonnette, un chapiteau (1), une imposte et le commencement d'un arc : restes d'une des fenêtres du XIe siècle. Ces fragments permettent de montrer la différence des fenêtres du XIe et de celles du Xe. Dans celles du XIe, en effet, l'imposte ou corniche qui sépare les chapiteaux de la naissance des arcs, fait retour et saillie au-dehors, tandis que dans celles du Xe, les impostes sont en retraite sur le mur de face. Il est vrai que la fenêtre de la tour est faite de même, quoique cette tour ne soit que du XIe siècle, mais ici le système défensif, reporté aux XIe et XIIe siècles sur cette tour, défendait toute saillie sur ces murs, et voilà pourquoi l'imposte dût être en retraite sur le mur de face.

On donna à la façade deux tours pareilles, qu'on voit sur le plan de Nîmes publié par Poldo d'Albenas. Celle du côté droit fut renversée par les protestants, qui agirent de même à Montpellier.

Ces deux tours avaient leurs créneaux à l'aplomb de leurs murs, car les machicoulis ne datent que de la fin du XIIIe siècle, dans l'architecture franco-gothe.

La tour du côté gauche subsiste encore. Elle est en grand appareil. Sa face antérieure présente une meurtrière allongée et plus bas une fenêtre restée intacte. Le chapiteau de gauche est formé de feuillages. Celui de droite offre un coq sur chacune de ses deux faces visibles.

(1) Ce chapiteau offre un coq inséré dans un travail vermiculé. On verra deux coqs sur un chapiteau de la fenêtre de la tour.

On dut faire à la façade une porte dans le goût du temps, et dont on épaissit l'embrasure par un mur appliqué sur plan carré, comme en tant d'autres lieux.

Comme les Sarrasins de Fraxinet ne passaient pas le Rhône, pendant les XIe, XIIe et XIII° siècles, il n'a pas dû survenir de saccagement à dater de la seconde moitié du Xe siècle jusqu'au XIVe. Aussi le fronton romain et la frise gothe ont dû traverser cette période.

v. Quatorzième siècle.

Les déplorables événements qui désolèrent le XIVe siècle se firent sentir dans le pays Nîmois plus que dans bien d'autres : tels furent les brigandages des Routiers et les incursions des Anglais de la Guyenne. Aussi, vers la fin du XIVe siècle, divers motifs de prudence firent compliquer le système défensif des tours. Celle de gauche, qui subsiste encore, en fournit les preuves. On l'éleva davantage, non plus en grand appareil, mais en appareil moyen, et on couronna le tout de machicoulis. Ensuite, vers la fin du même siècle, on éleva, au côté gauche de la façade, au-dessus de la frise et du fronton, un clocher-arcade formé par un mur percé de trois ouvertures ogivales dans chacune desquelles on mit une cloche. Ce genre de clocher se rencontre surtout dans les campagnes, mais généralement au-dessus du pignon des églises. A Nîmes il fut placé comme nous l'avons dit, et de plus il fut joint à la tour de gauche , dont il atteignait les créneaux.

Ce clocher-arcade subsiste encore. Dans celle de ses ouvertures qui n'a pas été murée , on voit encore les trous disposés pour le support de la cloche.

Il est à remarquer que la base du clocher-arcade et la partie de la tour comprise entre la deuxième corniche de la tour et les machicoulis sont construites identiquement, en pierres étroites, longues , noires et en apparence huilées , ce qui montre la contemporanéité des deux constructions.

VI. QUINZIÈME SIÈCLE.

Le xve siècle éleva le beffroi au-dessus de la tour, qui redevint ainsi clocher. Ce beffroi est incontestablement du style de ce temps-là. Il est percé sur la façade d'une fenêtre, que surmonte une grande gargouille , et sur la face latérale de trois ouvertures allongées.

Ce même siècle remplaça les trois fenêtres centrales de la façade par une rosace , qui a été reproduite depuis , et disposa la porte dans le goût ogival (1). Cette porte était divisée au milieu par une colonnette. Elle n'était pas plus large que l'antique ni que l'actuelle, puisque les jambages de cette dernière mordent dans le mur antique.

(1) Cette disposition était reproduite sur le vieux dessin déjà signalé.

VII. DIX-SEPTIÈME SIÈCLE.

En 1650, dans son ouvrage sur Nîmes (p. 69),
Poldo d'Albenas trouvait la cathédrale « bien, et
somptueusement basty. »

Sous l'évêque Bernard d'Elbene, en 1567, lors
de la fameuse expédition huguenote connue sous
le nom de *Michelade*, les huguenots ayant eu le
dessus, dévastèrent le pays Nîmois, et voulant
ôter aux catholiques tout espoir, et tout moyen
d'exercer leur culte, ils décidèrent de démolir
les églises et les maisons religieuses. Ils projetè-
rent donc de démolir la cathédrale de Nîmes et
l'adjudication de cette entreprise fut faite au ra-
bais.

« On forma pour cet effet, raconte Ménard (1),
diverses bandes d'Ouvriers, commandés par
quelques Principaux. Une partie commença par
l'Eglise cathédrale : ils en sapoient déjà le Clocher ; mais craignans que sa chûte n'abimât les
maisons voisines, qui apartenoient à quelques-
uns d'entre eux, ils s'arrêterent, et ne le démo-
lirent pas : ces commencements de leur fureur
paroissent encore au bas de ce Clocher : ils s'at-
tacherent au corps de l'Eglise. »

En 1590, l'évêque Raimond Cavalesi voulut
rétablir le service divin; mais comme la cathédrale était entièrement détruite, sauf une partie
de la façade, il y suppléa en convertissant l'ancien réfectoire des chanoines en une église con.

(1) Ménard, *op. citat.*, t. I, p. 345.

venable, dans laquelle on fit le service accoutumé (1).

Divers ouvrages disent cependant que, de 1610 à 1612, les troubles ayant cessé, l'église fut reconstruite pour subir peu de temps après de nouvelles dévastations, qui heureusement ne se renouvelèrent plus.

En 1623, quand l'Évêque et les chanoines revinrent dans la ville, ils recommencèrent, le mois de mars de cette même année, de célébrer les offices divins dans leur ancien réfectoire, après qu'il eut été réparé une seconde fois (2).

L'évêque Antime-Denis Cohon employa tous ses soins au rétablissement de la cathédrale, et obtint qu'il fût rendu un arrêt du conseil à ce sujet, le 14 novembre 1636. Par cet arrêt, la réédification fut ordonnée aux frais des habitants du diocèse, tant catholiques que protestants. L'évêque avança beaucoup cette construction, qui venait d'être terminée, quand cet édifice fut béni par son successeur, Hector d'Ouvrier, le 18 mars 1646.

« Cette Église, dit Ménard (3), a été élevée sur ses premiers fondemens, ensorte que son enceinte est presque la même que celle qui lui fut donnée au temps du pape Urbain II. »

Les dévastations qu'on voit aujourd'hui sur la

(1) *Idem*, t. I, p. 380 à 381.
(2) *Idem*, t. I, p. 404.
(3) Pour les détails qui précèdent, voir Ménard, *op. cital.*, t. II, p. 28 à 29 et 45 à 46.

açade de la cathédrale, surtout au premier étage, sont le fait des protestants.

Voyons maintenant ce que fit le XVII* siècle. Il releva la partie de la façade qui avait été détruite ; mais il ne refit point les arcatures et les baguettes, qui n'étaient point de son goût. Comme il releva aussi une partie du fronton, qui porte à l'aplomb du mur de face, on est forcé de lui attribuer la reproduction de la frise comprise entre ces deux travaux.

Nous avons étudié ce qui reste de la frise gothe : décrivons les sculptures par lesquelles le XVIIe siècle l'a continué :

Noé fait entrer les animaux dans l'arche , qui a la forme d'une maison placée au-dessus d'une barque. — Noé endormi dans l'ivresse, est couvert d'un vêtement par Sem et Japhet. — Trois architectes confèrent ensemble sur l'édification de la tour de Babel. — Construction de la tour de Babel. — Des colonnes de feu et de nuées enflammées descendent sur Sodôme , dont elles renversent les cimes. — Sodôme brûle. La femme de Loth changée en statue de sel est indiquée par une colonne polygonale, qui va en s'amincissant de la base au sommet , où elle est surmontée d'une tête de femme. — Loth et ses deux filles s'en vont, suivant un ange , qui leur indique où ils doivent se rendre. — Deux guerriers , après lesquels on voit Abraham et Melchisédech. — Sacrifice d'Abraham. Un ange arrête le patriarche. — Pharaon est assis sur son trône , et un personnage est assis auprès du roi. — Moïse con-

sidère l'Egyptien qui maltraite un israélite. —
Moïse gardant ses moutons aperçoit le buisson ar-
dent et quitte ses chaussures. Le sculpteur a figuré
près de lui une *capitèle*, petite construction à
pierres sèches qu'on élève dans les vignes du
pays Nîmois pour s'y abriter en cas de pluie.
L'artiste devait donc être du Midi. — Passage de
la mer Rouge (1). Pharaon à cheval se noie dans
les flots. — Moïse frappe le rocher. — Un ange,
tenant une épée à la main, arrête Balaam, qui
frappe son ânesse. — Je n'ai pu déterminer avec
certitude les deux derniers sujets, peut-être parce
qu'en raison de leur situation, je n'ai pu les voir

(1) Dans la cour de la maison située rue de la Madeleine, numéro 10, on voit la majeure partie du devant d'un sarcophage chrétien des premiers siècles, d'une
exécution grossière, quoique la sculpture se ressente
du beau caractère qu'offre en général l'art antique.
Ce long bas-relief représentait le passage de la mer
Rouge. On voit des cavaliers et des fantassins se pré-
cipitant vers la mer Rouge, dont la rive commence à
une figure appuyée sur une urne (*). Il y a dans les
personnages des signes évidents de préoccupation au
sujet d'événements extraordinaires. Le dernier se
penche pour voir ce qui se passe. Le fragment qui
manque à ce bas-relief devait représenter les Israë-
lites sauvés et les Egyptiens engloutis.

Je n'ai jamais rien lu sur cette sculpture, que j'a-
perçus par hasard au fond de la cour où elle se trouve,
un jour que je passais dans la rue de la Madeleine,
en septembre 1865. L'a-t-on expliquée autrement que
moi ? A coup sûr bien des archéologues épuiseraient
les sujets païens avant d'y voir un sujet biblique.

(*) Ces sortes de divinités des eaux se voient fré-
quemment sur les monuments antiques.

que très-obliquement. L'avant-dernier me paraît offrir une femme tenant dans son bras gauche un petit enfant qu'elle embrasse, tandis qu'un autre enfant est à ses pieds. La frise se termine par deux hommes debout. Sont-ce Moïse et Jéthro ?

VIII. DU DIX-SEPTIÈME SIÈCLE A NOS JOURS.

Les protestants n'ayant laissé qu'un morceau du fronton primitif, qu'on voit encore à gauche de la façade, le XVIIe siècle conserva ce fronton et fit ce qui y manquait en reproduisant fort bien le style romain du fragment antique.

Le XIVe et le XVe siècles étant franchement ogivaux, ils n'imitaient pas, mais s'imposaient. Ils n'auraient pas complété une frise et un fronton à la façade d'une église détruite. Le XVIe et le XVIIe siècles, époques de retour vers l'art gréco-romain et par conséquent d'imitation, étaient seuls capables de reproduire si bien un fronton romain.

Le XVIIe siècle conserva donc le fragment qui était resté et compléta le fronton en reproduisant le style romain de l'œuvre primitive. Il fit là une de ces restaurations dont la Renaissance lui avait donné l'exemple. Si des fouilles faisaient trouver une pareille œuvre, il faudrait être bien fin pour ne pas l'attribuer à l'antiquité. Il y a cependant une différence notable entre la partie ancienne et la moderne, c'est que la première accuse des mains d'artiste et une exécution libre, tandis que la seconde montre le faire d'ouvriers habiles, mais copiant servilement un modèle donné.

On peut dire en général que les restaurations du XVIIe siècle ont été exécutées avec l'intention évidente d'imiter les styles des précédentes époques.

L'intérieur de la cathédrale a été relevé après les destructions commises par les protestants. Je n'ai pas à le décrire, puisqu'il n'offre pas d'importance archéologique : mais il faut y signaler l'existence d'un *deambulatorium*, chose rare dans le Midi.

La porte de la cathédrale, encadrée de moulures et surmontée d'un fronton triangulaire, et la rose de la façade, imitation du style du XVe siècle, sont des travaux modernes et sans aucun rapport avec les parties anciennes du monument, qu'ils défigurent.

ıx. Sculptures placées dans la frise romaine.

La frise romaine contenait autrefois de grands bas-reliefs. On en trouve l'explication dans le dernier volume de l'*Histoire de Nismes* par Ménard.

Ménard observe que ces bas-reliefs règnent sur une ligne d'environ trois toises de longueur et de deux pieds et demi de hauteur, et qu'ils n'occupent pas toute la longueur de la façade . qui se prolonge de plus d'une toise à chaque bout des bas-reliefs.

Voici, de gauche à droite, la description de ces sculptures :

Samson, qui est *comme monté* sur un lion, et le saisit par la gueule. dans laquelle il a mis son bras.

(Voir le livre des *Juges*, XIV, 6.) — Zacharie, père de saint Jean-Baptiste, pose une sorte de cassolette ou un vase d'encens sur un autel. Il est du côté gauche de l'autel, tandis que l'ange Gabriel est du côté droit, regardant le peuple. Au bas de l'autel et sur le bord inférieur, qui peut avoir un pouce et demi de hauteur, on lit ces deux mots : GABRIEL, ZACHARIAS. — La troisième pierre se trouvant sur le sommet de l'ancien portail de l'église, la ruine du portail dut entraîner celle de la pierre sculptée. Ménard observe cependant qu'il restait encore de son temps, sur le côté du carré qu'occupait cette pierre, en tirant vers l'évêché, la figure d'un gros lion saillant de plus de deux tiers du corps, mais fort mutilée et presque entièrement défigurée. — Après le lion était une grande pierre sculptée dont la longueur égalait celle des deux premières ensemble. Voici sa description : Un roi, ayant une sorte de couronne sur la tête et vêtu d'une singulière robe longue; sa longue barbe est divisée en deux pointes. Il est assis sur un trône assez semblable à celui qui sert de siége à nos rois, dans les anciens sceaux. Ce monarque tient dans chacune de ses mains, qui sont élevées à la hauteur de la poitrine, un sceptre qui appuie sur ses épaules. Le haut du sceptre se termine en *feuilles à peu près comme une tulipe épanouie.* Dans les feuilles du sceptre de la main droite, il y a une grenouille; dans celles du sceptre de la main gauche est un lapin assez bien sculpté. Enfin de chaque côté du trône est un aigle essoré tourné vers le roi.

La frise romaine a été fort dégradée, et les quelques bas-reliefs qui s'y trouvent encore sont presque entièrement méconnaissables. Cependant, grâce à la description laissée par Ménard, on peut reconnaître le groupe de Samson terrassant le lion, à gauche du fronton de la porte actuelle, et le roi, à droite du même fronton. A côté de ce dernier bas-relief il s'en trouve un autre, où l'on aperçoit aisément un griffon assis, dont le poitrail squameux a même été épargné par le marteau. Je m'étonne que Ménard n'ait pas signalé ce griffon.

On conçoit qu'il serait imprudent d'assigner une date à ces sculptures, puisqu'elles sont totalement défigurées.

x.   Un dernier mot.

Et maintenant, dirai-je à mes compatriotes, si ce travail a quelque valeur, gardez le souvenir d'un enfant de Nîmes, qui envoie cette marque d'amour à sa ville natale, qu'il a quittée de bonne heure, mais vers laquelle il a toujours tourné sa pensée.

Nîmois, conservez toujours la vieille façade de votre cathédrale : elle est un symbole de votre foi, qui, comme elle, a su traverser les âges à travers tous les désastres. Si vous y touchez, que ce soit exclusivement pour effacer les fautes des temps modernes et rendre à l'ensemble, par des restaurations habiles, sa véritable physionomie. Rappelez-vous que Marseille regrettera toujours sa vieille *Major*, qui avait des souvenirs, qui

faisait remonter l'esprit aux origines chrétiennes
de la Gaule même, tandis que l'édifice qui l'a
remplacée n'offre rien de pareil.

NOTE SUR LE TEMPLE QUI PRÉCÉDA LA CATHÉDRALE.

Quel était le temple auquel a succédé la cathédrale de Nîmes?

Ménard ne paraît pas douter que ce ne fût celui
d'Auguste, et, se laissant entraîner par son imagination, il nous donne à ce sujet des détails
dénués de preuves et qui ne concordent point
entre eux. Ainsi il dit que ce temple était *le plus
récent et le plus vaste* lorsque les chrétiens en
firent une nouvelle dédicace en le consacrant au
vrai Dieu, et il avance qu'*Auguste était encore
vivant* quand on y offrit des sacrifices tauroho-
liques et crioboliques (1).

Avant d'examiner si le temple d'Auguste a pu
être en cet endroit, il faudrait examiner si Nîmes
en a eu un. Or rien ne le prouve. Il est bien vrai
qu'Auguste n'eut pas été mis plutôt au rang des
Dieux, que beaucoup des principales villes de
l'empire, suivant l'exemple de Rome, lui élevèrent
un temple de la plus grande magnificence. Mais
rien ne démontre que Nîmes ait suivi cet exemple,
quoi qu'en dise Ménard. De ce que Nîmes a des
inscriptions qui mentionnent des sévirs, des
flamines et des flaminiques, qui appartenaient
au culte d'Auguste, institution plutôt politique

(1) Des restes de ces sortes de sacrifices ont été
trouvés dans le sol de la cathédrale.

que religieuse, on ne doit pas non plus en conclure qu'il y a eu nécessairement à Nîmes un
temple dédié à cet empereur. Parce que Beaucaire
a une inscription qui mentionne une flaminique,
qui donc voudrait en conclure qu'il y a eu un
temple d'Auguste à *Ugernum*? Si l'on donnait un
temple d'Auguste à toutes les villes qui ont des
monuments épigraphiques de personnages atta-
chés à son culte, où s'arrêterait-on ?

Il est donc inutile d'examiner où devait être
ce prétendu temple d'Auguste, que les uns ont
voulu placer à la suite des bains ; d'autres, comme
Ménard, sur l'emplacement où est aujourd'hui la
cathédrale.

Je ne demanderais pas mieux que de trouver une
inscription ou une médaille pour prouver que
Nîmes a eu un monument de cette importance ;
mais jusque-là je montrerai qu'on ne doit jamais se laisser entraîner, comme Ménard, par le
vraisemblable, qui est la cause de tant d'erreurs
historiques et archéologiques.

Au XVIe siècle, on croyait que la cathédrale
avait succédé à la basilique qu'Hadrien fit élever
à Nîmes, en l'honneur de sa bienfaitrice. Le plus
ancien historien de Nîmes, Poldo d'Albenas, nous
l'apprend dans un des chapitres les plus curieux
de son livre ; d'ailleurs il n'admet pas cette opi-
nion, qu'on poussait, paraît-il, jusqu'à croire à
une certaine identité entre les deux édifices.

On a voulu plus tard placer l'édifice de Plotine
à l'endroit où se trouve aujourd'hui le Palais-de-
Justice. Là en effet ont été trouvées des sculptures

d'une admirable beauté, auxquelles s'applique-
raient à juste titre les paroles deSpartien, *basilica
opere mirabili.*

Ce qu'il faut surtout remarquer dans toutcela,
c'est la persistance des Nimois à croire qu'un
temple païen a précédé la cathédrale. J'ai mon-
tré que la façade de cet édifice garde encore
un mur romain. On comprend maintenant pourquoi la croyance populaire du peuple de Nimes
veut quela façade de la cathédrale soit une œuvre
romaine.

Explication des quatre dessins de la lithographie et
résumé de la *Monographie.*

Ces quatre dessins permettent de voir d'un coup
d'œil les transformations opérées successivement
sur la façade de la cathédrale de Nimes. On y
trouve l'indication de la hauteur du sol sous les
Romains, au Xe siècle, au XIe et en ce jour. En juin
1824, des ouvriers travaillant à abaisser le sol de
la *place aux Herbes,* devant la cathédrale (1),

____

(1) On voit au musée de Nimes, sous les numéros
198, 164 et 253, trois chapiteaux découverts lors de
cette fouille. Le premier est une œuvre purement romaine
et atteste l'existence d'un monument remarquable. Il
doit provenir du temple qui précéda la cathédrale. Les
deux autres sont moins grands que le premier. Ils ont
été trouvés à 50 centimètres au-dessous du sol actuel,
devant la porte de la cathédrale. Comme ils ne sont
évidemment pas romains, on leur a donné l'épithète
impropre de *bysantins.* Ce sont des œuvres de l'art
christo-romain, qui dura depuis la fin du IVe siècle
jusqu'à la fin du VIIe. Sur le n° 253, les gaines des
volutes se montrent en entier, alternant avec lesacan-

arrivèrent au socle de l'église, qui est de plus de six pieds plus bas que le sol actuel (1).

Le premier dessin montre le temple païen, qui fut changé en église au IVe siècle. La frise et le mur antérieur du temple existent encore en partie.

Le n° 2 montre la façade du temple surmontée d'une tour-trésorerie, œuvre du Xe siècle. Le temple a été enfoncé dans le sol par l'action des siècles. La porte, qui a encore six pieds de haut, n'a pas été agrandie ; car, de même que les VIIIe et IXe siècles, le Xe ne faisait pas de grandes portes, ce que firent, au contraire, les siècles suivants. A l'intérieur de l'entrée se trouvent quelques marches pour descendre sur le pavé de l'Eglise, exhaussé au-dessus de celui du temple, mais qui est pourtant un peu plus bas que le sol de la ville. Le travail du Xe siècle se voit encore à gauche, à partir du clocher, dans les quatre arcatures que surmonte une portion de frise de la même époque. Cette région de la façade a une couleur noire particulière. Sa soudure est très-

thes, au lieu d'être cachées par elles. Les caprices de la fantaisie se mêlent aux souvenirs romains. De chaque côté un serpent se dresse en face d'un ornement floral. Je présume que ces deux chapiteaux, qu'on peut très-bien attribuer au Ve siècle, ont fait partie des travaux opérés dans ce même siècle, lors de la reconstruction dont j'ai déjà parlé.

(1) *Histoire des antiquités de la ville de Nismes*, par Ménard, édit. publiée par Perrot, dans l'article intitulé *Fragmens réunis à la Maison-Carrée*, p. 93.

apparente dès après le bas-relief du meurtre d'Abel. Le dessin aurait pu offrir des sculptures sur la frise romaine.

N° 3. Modifications opérées lors de la grande reconstruction de la cathédrale , à la fin du XIe siècle. Trois jours ouverts dans la trésorerie, afin d'éclairer la nef et le premier étage formant une tribune sur la nef par suite de l'ablation de son mur intérieur.

N° 4. Etat actuel de la façade. Clocher changé par ses machicoulis en tour de défense. Mur à jour pour recevoir les cloches construit au XIVe siècle. Le haut du clocher est l'œuvre du XVe. Réparation du fronton romain et de la frise gothe, faite au XVIIe siècle, à cause de leur destruction partielle exécutée au XVIe. La porte et la rose sont modernes.

Adrien Péladan fils.

(Extrait de la *France littéraire*.)

Roanne. — Imprimerie FERLAY.